AF371188

REIGLEMENT

fait par le Roy, pour les logis de sa Cour, & suitte.

A PARIS,

Pour SYLVESTRE MOREAV, Librai-
re, demeurant ruë du Cocq, prés Sainct
Honoré, à l'enseigne du nom de
Iesus.

Auec permission de sa Maiesté.

1606.

HENRY par la grace de Dieu, Roy de France, & de Nauarre : A tous ceux qui ces presentes, lettres verront, Salut. Les Roys nos predecesseurs, auroyent faict plusieurs Ordonnances, pour empescher le desordre qui pouuoit arriuer aux logis de ceux de leur Cour & suite, & n'estans à present vne grande partie d'icelles obseruees, pour la licence des guerres passees, nous auons iugé estre à propos, d'y apporter le reiglement qui ensuit. A CESTE CAVSE, De l'aduis de nostre Conseil , où cest affaire a esté meurement deliberé, Auons declaré, & ordonné, declarons, & ordonnons par ces presentes, signees de nostre main , qu'aux villes où nous logerons, ausquelles nos Mareschaux des logis , & Fourriers , pourront bailler quartiers , ils les puissent departir, & qu'il leur soit loisible de reformer tous ceux qui ont esté cy deuant faicts , sans aucune exception ; Corriger ; & oster les logis de ceux,

A ij

qui par couſtume, ou par vſurpation an-
cienne, en ont abuſé, pour les departir de
nouueau, ainſi qu'ils aduiſeront.

Defendons tres-expreſsément à tous
Mareſchaux des logis de la Royne, noſtre
tres-chere, & tres-amee compagne, & eſpouze, de nos tres-chers, & amez enfans,
Fourriers des Princes, & Princeſſes de noſtre Sang, & autres Princes, & Princeſſes,
pourſuiuans logis, de quelque qualité qu'ils
ſoyent, d'alleguer poſſeſſion aux logis qu'ils
ont cy deuant tenuz. Mais voulons qu'ils
prennent, & acceptent doreſnauant, ce que
par noſdicts Mareſchaux des logis, & Fourriers, leur ſera baillé, & ordonné, ſans iceux
marquer de Croye blanche, qui eſt ſeule-
ment reſeruee pour noſdicts fourriers, & ce
ſur peine d'eſtre punis corporellement, laiſ-
ſant aux autres la croye iaune, pour marquer leurs logis dans leurs quartiers, ainſi
qu'il s'eſt obſerué de toute ancienneté.

Et ſi noſdicts Mareſchaux des logis, &
fourriers, en reformant leſdicts quartiers, y
trouuent quelques maiſons principales, où
ils puiſſent loger les perſonnes de quelques
Princes, ou Ambaſſadeurs, ils les pourront
reſeruer, & faire mettre entre nos mains,

pour apres les departir, comme ils verront
bon eftre.

Et pource que cy deuant nous auons
baillé plufieurs breuets à beaucoup de for-
tes de perfonnes, portans exemption pour
leurs logis, & que nous fommes aduertis
qu'on en abufe, mefmes que fouz pretexte
de ladite exemption, il y en a quelques vns
qui acheptent, & font baftir des logis pour
en faire leur profit, & y loger qui bon leur
femble: Nous auons dés à prefent reuoqué
& reuoquons tous lefdicts breuets, & iceux
declarez nuls, & de nulle valeur, fans que
ceux qui les ont obtenuz s'en puiffent aider
n'y preualoir.

Et feront nofdits Marefchaux des logis,
& fourriers, en lieu de fejour, mettre par ef-
crit fur vn regiftre, toutes les maifons des
lieux ou nous logerons, qui feront par eux
departies, & baillees par billets fignez de
leurs mains, aufdicts Marefchaux des logis,
& fourriers des Princes, & autres pourfui-
uans, felon leur ordre, le iour de noftre arriuee, à l'heure de huict heures du matin, puis
marquez en croye par nofdits fourriers, a-
pres ladicte heure de huict heures, foit que
lefdits fourriers defdits Princes, Seigneurs,

A ij

& autres pourſuiuans , ayent comparu, ou non: Defendans tres-expreſſément aux habitans des lieux , de receuoir , ou loger en leurs maiſons, aucun , ſans qu'elles ſoyent baillees , ou deliurees par noſdicts Mareſchaux des logis , ou fourriers , & ne pourront leſdits fourriers des Princes , & autres pourſuiuans, apres que les logis auront eſté faicts, & marquez, pretendre aucun de ceux qui auront deſia eſté marquez en croye, pour autre quelque rang qu'ils puiſſent alleguer, ains s'adreſſeront à noſdicts Mareſchaux , & fourriers , pour leur pouruoir d'autres logis, qui n'auront encores eſté departis.

Seront tenuz les Mareſchaux des logis, & fourriers des Princes , & autres pourſuiuans: enſemble les fourriers des Eſcuries , ſe venir inſinuer au Regiſtre , le iour precedent noſtre arriuee, & apporteront leſdicts fourriers des Eſcuries, par eſcrit, les logis qu'ils auront choiſis pour leurſdites Eſcuries, pour icelles cotter ſur le Regiſtre, Aſſauoir pour nous , pour la Royne , noſtre tres chere , & tres amee compagne, & eſpouze, & pour nos tres chers , & amez enfans, qui auront pouuoir d'en choiſir à leur rang , chacun vn tant seulement , pour le principal logis de ladicte Escurie , & ce dedans les villes ou nous logerons , & non és bourgs, & villages , ou lesdictes Escuries seront baillees ausdits fourriers des Escuries, par nosdicts Mareschaux des logis, & fourriers , selon la portee du lieu , & ou il s'en trouuera de pressé, & incommodé, nosdicts Mareschaux des logis pourront loger nos deux Escuries ensemble , & selon l'incommodité des Chambres , en donner vne, ou deux, pour le plus, à nos Escuyers seruans, & pages, & s'aider des autres pour ceux des Princes.

Et pour ce que le plus souuent aucuns des fourriers des Princes, & autres poursuiuans logis , tiennent en longueur nostre fourrier, qui fait le departement des vilages & parroisses , & ne se viennent presenter à l'heure qu'il est dict cy dessus: Nous ordonnons ladite heure passee , que ledit fourrier leur cottera vne parroisse en leur rang , de laquelle ils seront tenuz se contenter.

Outre , nous defendons à tous les fourriers des Princes, & poursuiuans, ne demander logis , si leurs Maistres ne viennent le iour que nous arriuerons , ains pourront

A iiij

aduertir nofdicts Marefchaux des logis , & fourriers , du iour que leurfdicts Maiftres pourront arriuer.

Et fi les Maiftres des fourriers , aufquels il aura efté departy logis , n'arriuent dans vingt-quatre heures, lefdits logis pourront eftre baillez par nofdits Marefchaux des logis, & fourriers, à autres.

Defendons à toutes perfonnes, de quelque qualité, & condition qu'ils foyent, fans exception quelconque de fe mettre dans les logis , qu'ils ne foyent arreftez par nos Marefchaux des logis, & marquez en croye par nofdits fourriers.

Voulons, qu'apres que noftre grand Marefchal des logis , aura faict le departement du logis de noftre Corps, & de ceux qui logent fouz iceluy, nos Marefchaux des logis baillent logis propres pour mangeailles , & fuittes, aux Princeffes, & Dames, qui logent fouz noftredict Corps , fans en deliurer au gré, & vouloir des fourriers defdictes Princeffes, & Dames.

Es lieux preffez ne fera baillé autre logis pour mangeailles , & Cuifines , aux Maris des Princeffes , & Dames , qui logent fouz noftre Corps , que ceux qui auront defia efté sté baillez ausdictes Dames, qu'auparauant ils n'en ayent baillé aux autres Princes , & Seigneurs, qui ne logent souz le Corps.

Defendons tres-expressément à toutes personnes, qu'ils n'ayent, lors que lesdits logis se departiront, à empescher, ou troubler aucunement nosdicts Mareschaux, & fourriers, ou desmarquer ce qu'ils auront marqué, sur peine d'auoir le poing couppé, iurer, n'y blasphemer le nom de Dieu, sur peine d'auoir la langue percee , A quoy nous enioignons au Preuost de nostre Hostel, & Grand Preuost de France, auoir esgard, & faire punir les delinquans corporellement, sans exception de personne, & de faire iouïr paisiblement des logis , ceux ausquels nosdits Mareschaux des logis, & fourriers, les auroyent baillez, soit par marque, ou billets , mesmes faire assister nosdicts Mareschaux des logis, & fourriers, d'vn exempt, & quatre Archers, le iour qu'ils departiront nostredit logis, pour euiter aux confusions & desordres qui en arriuent ordinairemét, & faire garder, & obseruer nosdites Ordonnances.

Voulons que les hostelleries qui seront dans les quartiers, qui auront esté departis, ſoyent reſeruees par noſdicts Mareſchaux des logis, & fourriers, pour loger les Eſcuries , ainſi qu'on a accouſtumé de tout temps.

Et pource que nous logeons quelques fois en petits villages , & lieux , ou les logis ſont eſtroits,& mal logeables ; noſdits Mareſchaux des logis,& fourriers , pourront prendre,& choiſir des vilages,& parroiſſes, les plus prochaines qu'ils verront plus commodes,pour le ſecours de noſtre logis, & icelles departir comme ils aduiſeront, tant par billets,que marque de croye,auant que d'en deliurer aucunes , ſoit pour nos Officiers , ceux de la Royne , noſtre treschere , & tres-amee compagne, & eſpouze, de nos tres-chers,& tres-amez enfans,& autres Princes,& Princeſſes,qui en choiſiront chacun vne en leur rang,& leur ſeront baillees libres,& franches,d'autres charges que de leurſdits officiers,n'eſtoit qu'il y euſt des hameaux , & ceux qu'on puiſſe reſeruer, pour noſtredit logis,& Eſcuries,Seront neantmoins reſeruez eſdicts vilages , les Chaſteaux , & maiſons des Gentils-hommes, comme on a accouſtumé.Defendans à toutes perſonnes , quels qu'ils ſoyent , prendre logement és vilages , & parroiſſes , à quatre lieuës prés de noſtre logis , ſans le departement de noſtre grand Mareſchal, & Mareſchaux de nos logis.

Voulons, & entendons , que tous ceux de noſtre maiſon , dont nous auons baillé l'Eſtat , ſoyent logez par noſdicts Mareſchaux des logis,& fourriers , ſelon l'ordre porté par ledict eſtat , premierement, & auant tous autres qui pourroyent venir à noſtre Cour,& ſuitte , & pareillement tous les Gentils-hommes, & officiers qui ſeront en quartier,au ſeruice de la Royne , noſtredite compagne,& eſpouze,& de noſdits enfans,Princes de noſtre ſang , & autres Princes qui ſeront à noſtre ſuitte , dont noſdicts Mareſchaux des logis , prendront par chacun quartier , les noms de leurs Maiſtres d'Hoſtels , à ce qu'il n'y ayt aucun abuz, ne confuſion : Leur defendant , ſur peine de priuation de leurs Eſtats , de loger autres perſonnes que ceux cy deſſus declarez.

Tous ceux de noſtre Conſeil, qui ſeront de robe longue, & des finances, ſeront logez au prés de noſtre tres-cher, & feal Chácelier,ou garde des ſceaux,auquel ſera ordinairement baillé logis le plus commode, &

B ij

prochain de nous, que faire se pourra.

Voulons qu'aux lieux ou nous faisons sejour ordinairement, comme à Fontaine-Bleau, Sainct Germain en Laye, Mouceaux & Villiers Costerets, Tous locataires, & gens refugiez des villages circonuoisins desdicts lieux, ayent à se retirer, & en sortir dans vingt-quatre heures, apres la publication de ces presentes, à peine d'amende arbitraire.

Faisons tres-expresses inhibitions, & defenses à tous les habitans des lieux, ou nous arriuerons, de ne desmeubler les Chambres de leurs logis, à peine de punition corporelle.

Et pour ne laisser aucun subiect de plainte sur la faute de payement; Nous voulóns, & ordonnons, qu'il soit payé par les Seigneurs, Gentils-hommes, & autres, estans à la suitte de nostre Cour, trois sols par iour, pour vn lict, capable de coucher deux personnes, en fournissant par les hostes de linceux de huict en huict iours, & douze deniers pour l'attache de chacun cheual.

Et pour le regard des officiers, tant de nous, que de la Royne, nostredicte compagne, & espouze, ils ne payeront que deux ſols pour lict , auſſi capable de coucher deux perſonnes , & ſix deniers pour l'atta-che de chacun cheual : Et defendons tres-expreſſément à tous habitans , d'exiger de ceux qui logeront en leurs maiſons , plus grandes ſommes que celles cy deſſus ſpeci-fiées,à peine de trente liures d'amende , ap-pliquable vn tiers à nous, l'autre au denon-ciateur, & l'autre aux pauures du lieu de ſe-jour.

Et d'autant qu'aux cabarets preuilegez par noſtre commandement, il va pluſieurs perſonnes incogneuës,dont le ſeiour pour-roit eſtre preiudiciable : Nous enioignons tres-expreſſément à ceux qui tiennent leſ-dicts cabarets, qu'ils ayent à apporter tous les ſoirs , au greffe de la Preuoſté de noſtre Hoſtel , les noms , & ſurnoms de leurs ho-ſtes , à fin que nous puiſſions auoir entiere cognoiſſance de tous ceux qui ſeront à la ſuitte de noſtre Cour, ſur peine auſdicts ca-baretiers,s'ils y faillent, de trente liures d'a-mende,applicable comme deſſus.

S I donnons en mandement , à noſtre a-me , & feal Conſeiller , en noſtre Conſeil d'Eſtat, Preuoſt de noſtre Hoſtel, & grand Preuoſt de France, le ſieur de Bellengreuil-

le , ou ſes Lieutenans , Que ces preſentes,
nos Declaration , vouloir , & intention, ils
façent lire , publier , & regiſtrer , à ſon de
Trompe,& cry public,deuant les portes de
nos chaſteaux,carrefours , & places publi-
ques des lieux ou nous logerons , & par
tout ailleurs que beſoin ſera , à ce que nul
n'en puiſſe pretendre cauſe d'ignorance , &
le contenu en icelles faire inuiolablement
garder,& obſeruer,ſans permettre,n'y ſouf-
frir qu'il y ſoit aucunement contreuenu.
Enioignant à noſtre Procureur , en ladicte
Preuoſté de noſtre Hoſtel, y tenir ſoigneu-
ſement la main,requerir , & pourſuiure la
punition des contreuenans , ſelon la ri-
gueur de nos Ordonnances:Car tel eſt noſtre plaiſir.En teſmoin dequoy nous auons
fait mettre noſtre ſeel à ceſdictes preſentes.
Donné à Paris, le ſeptieſme iour de Iuillet,
l'an de grace , mil ſix cens ſix , Et de noſtre
regne le dixſeptieſme, Signé, H E N R Y, Et
plus bas,Par le Roy,D E L O M E N I E.Seellé
ſur double queuë du grand ſeel,de cire iaune.

Enregiſtré és Regiſtres du Greffe de ladicte Preuoſté de l'Hoſtel du Roy , ſuiuant

l'Ordonnance verbale de mondict sieur le
grand Pteuost, & ce requerant le Procureur
du Roy, en icelle. A Paris, le Roy y estant, le
Lundy vingt-huictiesme iour d'Aoust, mil
six cens six.

Signé,
              CHESNEAV.

www.ingramcontent.com/pod-product-compliance
Lightning Source LLC
LaVergne TN
LVHW010806180726
843502LV00011B/4380